VOLTAIRE,

OU

LE POUVOIR DE LA PHILOSOPHIE,

POEME.

J'ai fait un peu de bien, c'est mon meilleur ouvrage.
VOLT.

Par Théodore DESORGUES.

A PARIS,

CHEZ LES MARCHANDS DE NOUVEAUTÉS.

AN VII.

VOLTAIRE,

OU

LE POUVOIR DE LA PHILOSOPHIE.

Où vont ces pélerins d'un faux zele égarés,
De coquilles, d'agnus pieusement parés?
Où portent-ils leurs vœux et leur crédule hommage?
Les uns sur l'Apennin s'ouvrent un lent passage;
D'autres, plus courageux, de leurs sacrés bourdons,
Pour conquérir le ciel, heurtent ces vieux glaçons
Que fondit Annibal lorsqu'à Rome alarmée
Sur des rocs amollis il guida son armée :
Ceux-ci dans Loretto d'un pied religieux
Foulent ce beau parvis qui descendit des cieux;
Pour Antoine ceux-là désertant leur famille,
A ce saint dans Padoue apportent leur béquille.
Je n'irai point blâmer cet usage sacré,
Des Indiens, des Turcs en tout temps révéré.
Si des chrétiens je passe à ces peuples profanes,
Je vois des pélerins marcher par caravanes :
Les uns dans le Tibet courent fêter Lama,
D'autres des bords du Gange accourent pour Brama;
Et d'heureux Musulmans viennent des murs du Caire
Au tombeau du prophete acheter un suaire.
　Si tout homme ici-bas voyage pour des saints,
Si les cultes divers ont tous leurs pélerins,

Guebres, chrétiens, Chinois, prêtres, bonzes, derviche;
Si chacun doit fêter sa vierge ou son fétiche,
Si le sort des vivants est de fuir le repos,
De courir pour des morts, d'errer pour les tombeaux,
Qu'un autre aille au Tibet, à Médine, à Lorette;
Je porte mon offrande au tombeau du poëte:
Voltaire a tous mes vœux, son culte est immortel;
Vainqueur de tous les saints, il en purgea le ciel.

  A ces mots d'un coursier guidant le pas docile,
J'abandonne aux neuf sœurs mon studieux asyle;
Je salue en passant cet aîné des fauxbourgs
Qui rasa la Bastille et dansa sur ses tours;
J'effleure sur ma gauche, en côtoyant la Seine,
Ce monument fameux de la faiblesse humaine,
Ce donjon trop étroit, ce triste Charenton,
Où souvent la folie a logé la raison.
Je vis de loin l'asyle où les comtes de Brie,
D'un sceptre féodal accablaient leur patrie;
Nangis dans ses marchés offrit à mes regards
Les descendants d'Apis transportés sur des chars,
Et qui, les pieds liés, la tête renversée,
Pleuraient de leurs aïeux la fortune passée.
Je laissai sur ma route et Nogent et Provin,
Provins cher à Cérès, Nogent cher à Vulcain.
De ces murs que la Seine en sa course partage
Je côtoyai le port et le charmant rivage
Où brille avec orgueil ce champêtre palais
Que Téray pour Cypris sut bâtir à nos frais;
Enfin de Romilli je découvris la vue;
J'admirai de son parc la superbe avenue,

Ses grottes, ses bosquets, sa large nappe d'eau,
Et l'onde qui serpente autour de son château.

Pour mieux voir ces beaux lieux je prolongeai ma route :
Des vastes cieux soudain je vois noircir la voûte ;
Courier de la tempête, un vent impétueux
Fend des épis courbés les flots tumultueux ;
Le sud retient son souffle, un effrayant nuage
Couvre de Villenos le riant paysage,
Descend sur la colline, et ses flancs épaissis
S'étendent pesamment sur les airs obscurcis ;
De sa vapeur brûlante il seche la verdure,
Et déja son repos fatigue la nature :
Il s'ouvre ; un ouragan dans les plaines de l'air
S'échappe avec la foudre et devance l'éclair ;
Tel qu'aux champs incertains de l'ardente Libye
En serpents tortueux il tourne, il se replie,
Il se roule en colonne, en tourbillons errants,
Ravit l'onde à la terre, et l'épanche en torrents.
Grands Dieux, où tenez-vous suspendus sur nos têtes
Ces dépôts destructeurs où couvent les tempêtes ?
Au bruit des aquilons, à leur mugissement
Se mêle dans l'orage un long gémissement.
Je frissonne..... trois fois j'entends la même plainte,
Trois fois sur mon coursier je chancelle de crainte ;
Enfin un tourbillon en roulant jusqu'à moi,
S'ouvre, éclate, et s'enfuit emporté par l'effroi.

A mes yeux tout-à-coup s'offre un monstre sauvage,
Des êtres opposés effrayant assemblage,
Monstre aux oreilles d'âne, aigle, taureau, lion,
Aux nageoires de phoque, aux ailes de griffon ;

Cet animal informe, oiseau, poisson, reptile,
Sans se lasser jamais pressait sa course agile,
Et pouvait sur les flots, dans les airs, sur les monts,
Ramper, nager, voler et s'élancer par bonds ;
La faim aux dents de fer creusait ses flancs arides,
La soif, tous les besoins hâtaient ses pas rapides ;
Sur sa croupe, où des clefs s'unissaient à des croix,
Et le pourpre et l'albâtre éclataient à-la-fois,
Et sur son collier d'or en large caractere
Je lus ces mots écrits, J'appartiens au saint pere.
Jamais d'un tel péril je ne fus menacé ;
La peur retint mon sang dans mes veines glacé :
Avec horreur j'y pense, et cette affreuse image
D'une froide sueur glace encor mon visage.
D'un saut léger le monstre atteint mon palefroi,
Se place sur la croupe et galope avec moi.
Mon cœur tremble, infecté de son impure haleine,
Comme au souffle des vents une feuille incertaine ;
En vain je le repousse, en vain d'un prompt acier
Je frappe dans les flancs l'impatient coursier,
Dans le plus creux vallon, dans le plus noir bocage,
Dans les buissons je m'ouvre un douloureux passage :
Couvert de sang, d'écume, et rejetant le mors,
Le coursier vagabond s'épuise en vains efforts ;
Le monstre, suspendant sa fougue impétueuse,
Recourbe autour de lui sa croupe tortueuse,
Blesse d'affreux replis et ses flancs et son dos,
Me retient enchaîné dans les mêmes anneaux,
Et dans les rêts vivants que sur nous il déploie ;
Tel qu'un pêcheur avide il enleve sa proie :

Il s'envole; d'effroi l'animal hennissant
D'un inutile pied frappe l'air frémissant;
Il se débat, succombe, et, pleurant sa défaite,
Vers moi d'un air plaintif il retourne la tête.
Déja la terre fuit; d'un bras désespéré
Je m'enlace aux liens dont je suis entouré.
Dans ce moment terrible, il faut que je l'avoue,
Je n'offris point de cierge à Lorette, à Padoue;
De cet affreux péril quel saint m'eût délivré?
Dans Celliere soudain sonne l'airain sacré :
Le monstre à ce signal précipite sa rage;
Il court au temple : un pont s'oppose à son passage;
Trois fois pour le franchir il fait de vains efforts,
Un pouvoir inconnu l'enchaîne sur ses bords :
Il s'étonne, indigné qu'une simple abbaye
Seule dans l'univers résiste à sa furie :
Il se trouble, il hésite; il cede enfin aux cieux;
Déja de ses anneaux il déroule les nœuds;
Et, comme au champ de Mars sous une main guerriere
L'airain tonnant d'effroi se rejette en arriere;
Le monstre ainsi recule, et sur le pont fatal
Avec le cavalier rejette le cheval.
Sur le pont ébranlé le coursier touche à peine
Qu'il s'abat, se releve, et bondit, et m'entraîne.
Je suis avec effort ses rapides élans,
Et loin de l'arrêter j'aiguillone ses flancs.
Du monstre à chaque pas je crois sentir l'atteinte;
Le péril en fuyant me laisse encor la crainte :
Pareil à ce nocher qui, repoussant la mort,
D'une haleine pénible a regagné le bord,

Et qui, pressant le sable où l'effroi le retarde,
Vers l'orage grondant se retourne et regarde;
Tel je tourne la vue, et d'un œil inquiet
J'observe en m'éloignant le monstre et la forêt.

Un vent frais aussitôt ranime la nature;
Dans l'air plus calme Iris déroule sa ceinture,
Parfume l'horizon, et peint de tous ses feux
Un nuage odorant, voile argenté des cieux.
Celliere à mes regards montre ses verds bocages,
Et son temple gothique, et ses frais paysages.
Ces bords du dieu du vin n'offrent point les présents,
De ses dons nourriciers Cérès couvre ses champs;
Mais s'arrêtant bientôt dans l'enceinte sacrée,
Du couvent à Bachus elle cede l'entrée.
Là son regne finit; là le dieu des buveurs
Aux enfants de Bernard prodigue ses faveurs,
Et d'un vin dont reluit leur figure rougie
Il dote abondamment leur messe et leur orgie.
Là des grouppes de fleurs s'élevant à-la-fois,
De la vigne rampante envahissent les droits.
La Seine les sépare, et son onde incertaine
De Flore et de Bacchus partage le domaine.
De vingt isles plus loin l'aspect toujours nouveau
Frappe l'œil enchanté d'un mobile tableau;
Un fleuve seul les forme et ses eaux tributaires
Baignent d'un bois voisin les ombres solitaires.
Le ciel de ses faveurs enrichit ces beaux lieux:
Ils lui doivent encore un don plus précieux;
Voltaire y dort: sa cendre a fait toute leur gloire,
Et d'un couvent obscur consacre la mémoire.

Du temple pastoral le seuil religieux
S'ouvre à tous les humains comme celui des cieux.
Il m'invita de loin, et sa muette enceinte
fit tressaillir mon cœur d'une pieuse crainte.
Seul sous la sombre nef, dans son recueillement
Un vieillard de ses bras pressait un monument :
Un froc l'enveloppait ; sa courte chevelure
Marquait en blanchissant son âge et sa tonsure ;
Ses regards pleins de Dieu, sur le marbre baissés,
Au-delà du tombeau lui semblaient adressés.
Allons, dis-je, plus loin, ce pieux solitaire
Ne fait point l'oraison au tombeau de Voltaire.
Autour de moi je jette un rapide regard :
Surpris de ne rien voir, je reviens au vieillard ;
Je le fixe, et lui dis : Quel est le mausolée
Où du grand Arouet dort la cendre exilée ?
A son marbre chéri daignez guider mes pas.
Le voilà, me dit-il en étendant le bras.
Quoi ! dis-je en souriant, ministre évangélique,
Vous invoquez les cieux sur sa tombe hérétique ?
Détrompez-vous, dit-il ; à l'ombre des autels
Dois-je servir la haine et l'erreur des mortels ?
La nature en nos cœurs, plus puissante que Rome,
Ne défendit jamais le culte d'un grand homme :
Je dois tout à Voltaire ; il orna ma raison,
Lui seul m'a consolé dans ma longue prison ;
Trop tard je l'ai connu, par trente ans de sagesse
Il m'a fait expier un instant de faiblesse ;
Il m'apprit loin du monde à soulager du moins
Ce peuple de cloîtrés confiés à mes soins ;

J'accoutumais leur cœur à l'aimer, à l'entendre,
Et je les instruisis à mériter sa cendre.
Elle nous sauve encor de ces vils préjugés,
Enfants de l'ignorance, à Rome protégés.
Ce monstre, armé toujours de foudres, d'anathêmes,
Qui, soumettant la tombe à ses décrets suprêmes,
Nous donne et nous ravit les honneurs du trépas,
Dans ce cloître jamais n'osa porter ses pas :
Il pense voir Voltaire au pont de l'abbaye
Debout entre la gloire et la philosophie,
Suivi de ces héros qui, plus grands par ses vers,
Sur la scene française ont instruit l'univers :
Il baisse alors d'effroi ses regards fanatiques,
Cede, et rend par sa fuite hommage à ses reliques.

   Ah ! m'écriai-je alors, sage et pieux vieillard,
Disciple tolérant du rigoureux Bernard,
Tel qu'un miel bienfaisant votre sainte éloquence
Du poison de ce monstre endort la violence ;
A sa rage homicide à peine ai-je échappé,
J'ai vu dans ses replis mon corps enveloppé ;
Mais poursuivi bientôt par l'aspect de Voltaire,
Il a fui loin de moi l'imposant monastere.
Mon pere, de ce monstre apprenez-moi le nom,
Et sur ses attentats éclairez ma raison.

   Etranger, s'écria ce vieillard respectable,
Tremblez ; le Fanatisme est son nom redoutable ;
Monstre affreux, il s'accouple à des monstres nouveaux,
S'associe à leur rage et conduit leurs complots ;
Il s'unit dans l'église au foudroyant papisme,
A l'enfant de Calvin, au triste jansénisme.

Hélas ! des sages même égarant la raison,
Dans la ville des arts il glissa son poison,
Là, s'enflant du venin de trois sectes parjurés,
Il se combat lui-même et vit de ses blessures ;
Surplis contre surplis, missel contre missel,
Contre l'autel lui-même il souleve l'autel :
Mais bientôt, suspendant sa course meurtriere,
Oppresseur de la France, il s'arrête à Celliere ;
Il craint d'y réveiller ce grand accusateur
Qui, de tous les excès sage persécuteur,
Avec lui soixante ans balança la victoire,
Et le punit assez en traçant son histoire.
Honorons donc Voltaire ; ah ! ces restes sacrés
Quand Paris les néglige ici sont révérés :
De l'erreur en tout tems il a su me défendre ;
Aux dons des souverains je préfere sa cendre.
Des enfants d'Albion accourus sur ces bords
Pour ce dépôt en vain m'ont ouvert leurs trésors ;
Parmi nos orateurs, nos poëtes, nos sages,
Qu'il vienne, disaient-ils, recevoir nos hommages.
Gardez votre or, leur dis-je, Anglais, nobles rivaux ;
Contemplez ce génie et comptez ses travaux ;
Que de talents fameux dorment sous cette pierre !
Wesminster dans sa gloire est jaloux de Celliere.
Je dis ; et la Tamise apprit par ce refus
Que dans le sein d'un cloître il est quelques vertus.
Jaloux de posséder cette cendre chérie,
Je ne la céderai qu'au vœu de ma patrie.
Un jour dans ce couvent on viendra la chercher ;
A ce noble convoi je brûle de marcher :

Commençant d'être libre en cessant d'être injuste,
Paris s'enivrera de cette pompe auguste,
Où le génie absous par l'équité des lois,
Triomphera de Rome et du courroux des rois :
Ce jour le fanatisme en vain contre Voltaire
Soulevera le ciel, soulevera la terre ;
La liberté paisible et la religion
Echapperont dès-lors à sa contagion,
Et leurs cultes brouillés par l'intérêt de Rome
Se réconcilieront sur l'autel du grand homme.

 Il dit : un saint désordre agite ses cheveux,
Son corps moins incliné paraît majestueux,
Il n'a plus rien d'humain, une fureur céleste
Brille dans son regard, dans son port, dans son geste;
Il semblait que Voltaire, à sa voix ranimé,
Eût passé du tombeau dans son cœur enflammé :
Tel à Delphe autrefois, lorsque d'un pied mystique
Un prêtre interrogeait le trépied prophétique,
Il recueillait le dieu dans son sein agité,
Et du sombre avenir perçait l'immensité ;
Plus sage, le vieillard fondait sa prophétie
Sur les progrès constants de la philosophie.

 Dieu reçut dans son sein cet oracle flatteur,
Et sainte Genevieve en tressaillit de peur;
Bientôt il s'accomplit. La quatorzieme aurore
Venait d'épanouir la guirlande de Flore ;
Sa lumiere égayant les horreurs du trépas,
Au tombeau du poëte avait guidé mes pas.
Là, rêvant sur la France, en mon deuil solitaire
J'implorais tour-à-tour ma patrie et Voltaire;

J'unissais mes regrets, et ma juste douleur
Confondait leurs deux noms tous deux chers à mon cœur.
Du temple, émus soudain, les murs au loin gémissent,
Des cors retentissants les sons guerriers frémissent;
La fraîcheur du matin, le silence des airs
Donne un nouvel éclat à leurs bruyants concerts.
Je m'élance, éperdu, de l'enceinte sacrée ;
De nombreux pélerins je la vois entourée;
Tous appellent Voltaire, et l'écho du vallon
Renvoie en murmurant la moitié de son nom.
Sur un char triomphal son image placée
D'illustres souvenirs entretient la pensée ;
Là, dominant la foule, un favori des arts
Par sa brillante écharpe appelle nos regards,
Et de son vieil ami réclamant la poussiere,
De son message auguste il informe Celliere :
C'est lui qui dans Paris hâta ce jour heureux,
C'est lui qui rassembla ces pélerins nombreux,
Secondé par les soins d'une épouse sensible
Dont Voltaire embellit sa carriere paisible ;
C'est lui qui, défiant et la haine et l'erreur,
Prépara le premier l'autel du bienfaiteur :
Au théâtre, au sénat sa tendresse fidèle
Avait sollicité cette fête immortelle,
Il avait pour ce jour prodigué ses trésors.
Noble ami, que son ombre erre en paix chez les morts !
Ah ! si jamais l'envie ose ternir sa gloire,
Ce trait chez nos neveux vengera sa mémoire.

 Le vieillard à l'instant de l'asyle pieux
S'élance. Oh ! quelle joie éclatait dans ses yeux !

Suivi d'un long cortege il sort du monastere,
Et posant sur le char le cercueil de Voltaire :
Consolez-vous, dit-il, généreux habitants,
Notre hôte dans Paris retourne après vingt ans;
Un décret l'a vengé des attentats de Rome,
Et l'immortalité nous ravit le grand homme.
Rendons à la patrie, aux arts, à l'amitié,
Cet auguste dépôt qui nous fut confié :
Sa mémoire toujours habitera ce temple :
Vous avez son tombeau, ses écrits, son exemple,
Ce flambeau qui du tems bravera le courroux;
Tout ce qui ne meurt point reste encor parmi nous.
A ces mots d'une larme humectant sa paupiere,
Du sage à son disciple il remet la poussiere.
Celui-ci plein de joie embrasse le vieillard,
Et donne au voyageur le signal du départ.

 Seize éclatants coursiers aussi blancs que la neige
Traînent le char suivi d'un immense cortege.
Ce convoi d'aucun deuil ne fatiguait les yeux;
On n'y remarquait point ces étendards pieux,
Ces bannieres, ces croix, et ces clartés funebres
Qui du trépas encor redoublent les ténebres;
Là seuls de la patrie ondoyaient les drapeaux;
Les sages réunis des deux mondes rivaux,
Précurseurs de Voltaire, appelaient les hommages,
Confondaient à-la-fois leurs écrits, leurs images,
Et couvrant de leurs noms cette solemnité,
L'environnaient de joie et d'immortalité.
Au milieu s'avançait le vieillard de Celliere
Agitant dans ses mains le flambeau de Voltaire.

Ce flambeau poétique à jamais renaissant,
De la philosophie ingénieux présent,
Qui soumettait le monde aux filles de mémoire,
Et du grand homme au loin réfléchissait la gloire.
Que ne peut en ce jour son éclat souverain,
Des chefs-d'œuvre du sage assemblage divin!
Tout s'anime à sa vue et brûle d'harmonie.
O spectacle sublime! A ce feu du génie
Reparurent soudain les descendants de Mars.
O Tibre, tes consuls frappèrent mes regards:
Je vis tes sénateurs dans leur marche imposante
Rouler au loin les flots de leur pourpre éclatante;
Je vis les deux Brutus, honneur du nom romain,
S'avancer près du char un poignard à la main.
Un poignard! ah! cachez cette arme meurtrière!
Oui sans doute un tyran dut mordre la poussière;
Mais faut-il de Voltaire ensanglanter le deuil?
Voyez l'humanité conduire à son cercueil
Des Calas, des Sirven la famille éplorée,
Qui couronne de fleurs son image adorée.
Quelle fête touchante! auprès du bienfaiteur
Voyez la larme à l'œil sourire le malheur;
En marchant près du sage ils semblent tous l'entendre,
Tous veulent de la main toucher encor sa cendre.
O Calas! O Sirven! vieillards infortunés,
Par l'aveugle Thémis à l'échafaud traînés,
De vos fils vertueux vous bénîtes l'ivresse,
Et mêlâtes vos voix à leurs chants d'alégresse.

 Les peuples étonnés viennent de toutes parts
De cette pompe auguste enivrer leurs regards;

Les travaux sont cessés, et la gerbe étonnée
Reste sur la faucille à demi moissonnée :
Tel qu'un torrent grossi par des torrents nouveaux,
Qui des rocs à grand bruit précipite ses flots,
On en vit accourir des sommets helvétiques,
Des hauteurs du Jura, de ces bords poétiques
Où Voltaire sema les vers et les bienfaits,
Que n'ont point oublié les enfants de Cérès.
Eh ! qui n'a point connu les accords de Voltaire !
Le fils dans le berceau les apprit de sa mere,
Chaque sexe, chaque âge en modulait les sons,
Et tous s'embellissaient de l'éclat de ses dons.

Grossis à chaque instant d'une foule nouvelle,
Ils guidaient vers Paris leur marche solemnelle.
Ah ! lorsqu'on vit de loin flotter leurs étendards
Quelle joie enivra cette ville des arts !
Des portes à l'instant, l'œil de larmes humide,
Coururent les amis, les compagnons d'Alcide,
Ses antiques parents et ses fameux rivaux,
Dès l'enfance témoins de ses nombreux travaux ;
Près d'eux un tendre essaim de beautés virginales,
Le front ceint de lauriers, sous le lin des vestales
Etendaient vers le char leurs innocentes mains,
Et de fleurs en marchant parfumaient les chemins :
Là, tout près de ta niece, ô sublime Corneille,
Brillait cette orpheline, adoptive merveille,
Que Voltaire accueillit au matin de ses ans,
Et dota de vertus, de grace et de talents.
O quelle douce joie humecta sa paupiere,
Alors qu'elle apperçut son bienfaiteur, son pere,

Et sur son char pompeux l'époux que de sa main
Il conduisit pour elle au temple de l'hymen !
Du char en la voyant le conducteur s'élance ;
Sur son sein agité par la reconnaissance
Il la presse, et mêlant leurs pleurs délicieux,
Le nom du bienfaiteur s'éleve jusqu'aux cieux.

 A ce concert des cœurs, à ce sublime hommage,
Le Fanatisme aigri redouble encor sa rage;
Jusqu'à ce Panthéon où l'auteur de Brutus
S'avance environné de gloire et de vertus
Il poursuit le cortege, et sa fureur fatale
Pense encor arrêter sa marche triomphale :
Il rassemble sous lui ses nombreux favoris,
Et d'un nouvel orage épouvante Paris.
Le Destin en ce jour lui rendant son audace,
Arme son double front d'orgueil et de menace;
Il lui soumet les flots et les feux des enfers,
Et veut d'un grand spetacle étonner l'univers :
Mais en vain l'aquilon de son aile bruyante
Roule au loin l'ouragan sur la plaine tremblante,
En vain pour l'inonder les humides autans
Entrechoquent dans l'air les nuages flottants;
Le monstre en vains efforts épuise sa colère.
Qui peut anéantir le flambeau de Voltaire !
Secouant ce flambeau sans cesse ranimé,
Le vieillard à ses yeux le présente enflammé;
Tel que le bouclier de l'enchanteur Atlante
Dont le rapide éclat terrassait d'épouvante,
Il poursuit, il abat le monstre foudroyé;
Vainement il releve un front humilié,

Une bave sanglante entre ses dents écume,
Dans son gosier éteint la foudre se rallume :
Tel qu'un feu vacillant qui, faible et sans chaleur,
Recueille en son foyer sa timide lueur,
Et perçant tout-à-coup le deuil qui l'environne,
Du plus brillant éclat au sein des nuits rayonne ;
Tel le monstre irrité de sa bouche de fer
Vomit en se roulant tous les feux de l'enfer ;
D'un hurlement pareil à ce cri lamentable
De la mort du grand Pan messager redoutable,
Il gémit, rend hommage au génie outragé,
Et s'écrie en tombant, Le grand homme est vengé !
Il meurt ; et les Romains traînent l'horrible idole
Comme ils traînaient les rois au pied du Capitole.

Dans le temple aussitôt le char victorieux
S'avance, et mille cris font retentir les cieux,
Sur l'autel où du sage on pose la poussière
Le vieillard élevant le flambeau de Celliere :
Il n'est plus, nous dit-il, ce monstre audacieux
Qui rangeait sous ses lois et la terre et les cieux,
Qui de poignards sacrés armait la tyrannie,
Et jusques dans la tombe insultait au génie.
O vous qui de Voltaire accusiez les travaux,
Vous ses persécuteurs, vous ses lâches rivaux,
Vous qui le menaciez des vains foudres de Rome,
Venez voir en ce jour ce que peut un grand homme.
Français, que nos tributs accompagnent son deuil,
Mais que la flatterie épargne son cercueil.
N'offrons aux morts fameux que de justes hommages,
Et comme au bord du Nil jugeons ici les sages,

Voltaire m'éclaira; j'ai droit de le juger :
Lui prêter des vertus ce serait l'outrager.
Il avait des défauts, et ma reconnaissance
En vous les déguisant vous ferait une offense.
Oh! qui l'eût égalé, si comme ses flatteurs
Il avait méconnu ses vains persécuteurs ;
Si des deux grands Rousseau souffrant la haine injuste,
Il en eut triomphé par un éloge auguste ;
Et si, réalisant son sévere Brutus,
Il n'eût point dans les cours amolli ses vertus !
Mais s'il eut des erreurs, quel sage est sans faiblesse ;
Que d'illustres bienfaits ont paré sa vieillesse ;
Quel homme a plus chéri la sainte humanité,
Et sut mieux s'élever à l'immortalité !
S'il a de mille traits atteint le fanatisme,
Il n'a point prétendu ramener l'athéisme ;
Sa voix qui de l'erreur affranchit les mortels,
De l'Être souverain consacra les autels ;
Les arts consolateurs, la douce tolérance
De son culte sublime ont fondé la puissance.
Imitons son exemple, et laissons à l'erreur
Ses glaives, ses bûchers, et sa mystique horreur.
N'offrons point la vertu sous une forme austere,
Et sachons l'embellir du charme de Voltaire ;
De fleurs et de lauriers couronnons tour-à-tour
L'amitié bienfaisante et l'héroïque amour :
Dédions cette enceinte aux noms les plus célebres,
Au sage dont la voix dissipa nos ténebres,
Au guerrier qui mourut sur le champ de l'honneur,
Au zélé magistrat, au divin orateur,

Au chantre courageux dont la muse chérie
Servit en tous les tems les arts et la patrie ;
A Voltaire sur-tout, génie universel :
Qu'à jamais son flambeau brûle sur cet autel !
Conciliant les cœurs par son puissant exemple,
Tel qu'un astre de paix, qu'il brille dans ce temple :
Prenons-le tous pour guide, et sachons en user
Pour éclairer le monde, et non pour l'embraser.

 A ces mots d'un long cri les airs au loin frémissent ;
Et du temple ébranlé les voûtes retentissent.
Pour voir le solitaire et le chantre immortel
Le peuple à flots pressés environne l'autel ;
Moi-même, impatient, dans la foule enivrée
Je ravis au vieillard une lyre sacrée,
Et rêve auprès de lui l'hymne consolateur
Du poëte, du sage, et du grand bienfaiteur.

ODE

A J. J. ROUSSEAU.

Enfin sur les bords de la Seine
Revient le vengeur de nos droits ;
Dans nos murs, affranchis de rois,
Son ombre libre se promene.
Loin des champs qu'il a préférés
Transportons sa cendre chérie,
Et pour la rendre à la patrie
Violons ses ordres sacrés.

Sombres bosquets d'Hermenonville,
Lac paisible, auguste berceau,
Fuyez ; l'absence de Rousseau
A désenchanté votre asyle :
Qu'au moins, pour charmer votre deuil,
Une pyramide éclatante
Leve une tête triomphante
Où nos yeux cherchaient son cercueil.

Lorsque son ame est réunie
Au sein de l'Être universel,
Et reçoit un prix immortel
Egal à son divin génie,
Offrons-lui des honneurs nouveaux,
Et par nos accords unanimes
Consacrons ses restes sublimes
Divinisés par ses travaux.

Ah ! si de la reconnaissance
Le philosophe obtient les vœux,
Ce n'est point par l'éclat pompeux
De sa vaste et riche éloquence ;
Mais il prêcha la vérité,
Mais son ame, sensible et pure,
Nous ramena vers la nature
Par la voix de l'humanité.

Et cependant la pâle envie
Troubla le cours de son bonheur :
Comment son souffle empoisonneur
Souilla-t-il la plus belle vie ?
Un sage armé de son flambeau
Osa.... ; respectons sa mémoire ;
Le trépas l'absout, et la gloire
L'unit dans le même tombeau.

Embrassez-vous, ombres augustes,
Au sein de ce temple immortel
La mort a fondé votre autel ;
Comme nous cessez d'être injustes :
Quand des arts l'empire alarmé
Lutte contre la calomnie,
Faut-il encor que le génie
Contre lui-même soit armé ?

Sors de ton urne funéraire,
Sors, sublime législateur ;
Vois ce peuple libérateur
Qui t'implore comme son père :

Contemple ce nouveau sénat,
Qui, fondé par ton éloquence,
Avec les destins de la France
Porte ton solemnel Contrat.

Ainsi, lorsqu'aux bords du Sigée
Les Grecs, enfin victorieux,
D'Achille par leurs dons pieux
Calmerent la cendre outragée,
Il vint sceller leur union,
Et son ombre appela les larmes
D'un peuple héritier de ses armes,
Et par lui maître d'Ilion.

Plus grand que l'invincible Achille,
Triomphe au milieu de ton deuil:
Vois l'enfance orner ton cercueil
Et réaliser ton Emile :
Le pere, instruit par tes vertus,
S'applaudit d'une race libre,
Et, rival des héros du Tibre,
Il trouve en ses fils des Brutus.

Vois ce sexe, l'écueil du sage,
Dont tu sentis les traits vainqueurs;
Que d'Héloïses de leurs coeurs
T'adressent le brûlant hommage !
Tu leur inspires tour-à-tour
Le plus généreux fanatisme,
Et les conduits à l'héroïsme
Par le délire de l'amour.

Ces meres, désormais plus justes,
S'ornant de leur fécondité,
Au vain éclat de leur beauté
N'immolent plus des soins augustes :
Du bonheur que tu leur promis
Goûtant déja la pure ivresse,
Elles retrouvent leur jeunesse
Dans la jeunesse de leurs fils.

Ces fils, leur plus riche parure,
Innocent et folâtre essaim,
N'ont connu que le chaste sein
Où les enfanta la nature :
Leurs bras sont étendus vers toi;
Développé par ta présence,
L'instinct de la reconnaissance
Déja les soumet à ta loi.

Que Sparte, ô le premier des sages,
Contemplerait d'un œil jaloux
Le spectacle de ces époux,
Aussi puissant que tes ouvrages !
Mais faut-il qu'en ce jour heureux,
Troublant l'alégresse commune,
L'orgueil, puni par l'infortune,
T'offre ses tributs douloureux ?

Une femme de cette fête
Attriste les riants tableaux :
Que nous présagent ses sanglots ?
Quels revers ont blanchi sa tête ?

Le désespoir domte ses sens ;
Du sage elle embrasse la tombe,
Elle pâlit, chancelle, tombe,
Et l'air gémit de ces accents :

Le ciel me sourit : j'étais mere,
Jeune ; je ne crus pas Rousseau,
Mon fils suça dans le berceau
Le lait vénal d'une étrangere ;
Il expira : de mon malheur
Rousseau console ma vieillesse,
Et je proclame sa sagesse
Par l'hommage de ma douleur.

Soudain des larmes éloquentes
Renaissent dans ses yeux taris.
Que de cœurs émus ! que de fils
Levent leurs mains reconnaissantes !
Viens, viens, souris à ces tributs,
Rousseau : tous les âges te louent,
Et tous nos sentiments avouent
Et tes bienfaits et tes vertus.

Ah ! tombez aux pieds de ce sage,
Femmes, enfants, vieillards, guerriers ;
De fleurs, de chêne et de lauriers
Courez enlacer son image ;
Et chantant ses aimables airs,
Délassement de son génie,
Faisons redire à Polymnie
Le plus touchant de ses concerts,

CHANT DE VICTOIRE

ET DE RECONNAISSANCE

POUR LA DÉLIVRANCE DE L'ÉGYPTE.

Dans ce temple où le Caire adore la puissance
    D'Alla protecteur des héros,
    Les fils belliqueux de la France,
Traînant des Beys vaincus les coupables drapeaux,
Venaient signer du Nil la prompte délivrance,
    Et par une auguste alliance
    Confondant deux peuples rivaux,
Au milieu des parfums de la reconnaissance
    Ne contemplaient que des égaux.
Un peuple qu'ils rendaient à son indépendance
Gardait autour du chef un éloquent silence,
Et lisait sur son front ses rapides travaux,
Lorsqu'enflammé soudain d'un sublime délire,
Le mufti par sa voix consacre leurs lauriers,
    Et mêle aux accents de la lyre
La priere du copte et l'hymne des guerriers.

    Le grand Alla de nos murailles
    Écarte son bras irrité :
    Du grand arbitre des batailles
    Adorons l'auguste bonté.
    Nous méconnûmes ses largesses,
    Nous abusâmes des richesses

Que nous prodigua sa faveur :
Notre erreur fut assez punie
Par l'implacable tyrannie
Du Mamelouk usurpateur.

CHOEUR.

Le grand Alla de nos murailles
Écarte son bras irrité :
Du grand arbitre des batailles
Adorons l'auguste bonté.

Des favoris de la victoire
Quel guide a dirigé les pas ?
Qui sauva leurs jours et leur gloire
Et de l'envie et des combats ?
C'est Alla dont la main puissante
Devant leur flotte triomphante
Des mers abaissa le trident ;
C'est Alla qui, charmant nos peines,
Voulut enfin briser nos chaînes
Par les braves de l'Occident.

CHOEUR.

Le grand Alla de nos murailles, etc.

Les Beys d'une folle espérance
Avaient enivré leurs guerriers ;
Ils avaient mis leur confiance
Dans leurs impétueux coursiers :

Mais que ne peut un peuple libre ?
Alla livre aux vainqueurs du Tibre
Le Mamelouk épouvanté,
Et détruisant l'infanterie,
Renverse la cavalerie
Sur le cavalier indomté.

CHOEUR.

Le grand Alla de nos murailles, etc.

Comme ces humides nuages,
Enfants du matin nébuleux,
Que le Nil loin de ses rivages
Voit fuir devant l'astre des cieux,
Toute la horde mercenaire
Qu'assembla sous les murs du Caire
Des Beys le courroux imprudent,
Livrée au tranchant de l'épée,
S'enfuit tout-à-coup dissipée
Par les braves de l'Occident.

CHOEUR.

Le grand Alla de nos murailles, etc.

Alla du Mamelouk perfide
Déteste le joug oppresseur ;
Alla du Français intrépide
Chérit et soutient la valeur ;

Couverts par sa main protectrice,
Fils des hommes, de sa justice
Adorez les divins décrets,
Et prosternant vos fronts rebelles,
Puisez des leçons immortelles
Dans ses rigueurs et ses bienfaits.

CHOEUR.

Le grand Alla de nos murailles, etc.

Les Mamelouks dans leur ivresse
Ne flattaient que leurs vains desirs;
Ils n'adoraient que la richesse,
Mere d'homicides plaisirs;
D'un peuple en proie à l'indigence
Ils dévoraient la subsistance,
Sans pouvoir assouvir leur faim,
Et, tout fiers d'un luxe barbare,
Ils fermoient leur oreille avare
Aux cris plaintifs de l'orphelin.

CHOEUR.

Le grand Alla de nos murailles, etc.

C'est pourquoi d'un regne inflexible
Alla finit le cours affreux;
C'est pourquoi d'un peuple invincible
Il arma le bras généreux.

La France adore sa puissance;
Son prophete est cher à la France,
Elle honore ses sages lois,
Et, fuyant la gloire commune,
Elle releve l'infortune,
Et foule aux pieds l'orgueil des rois.

CHOEUR.

Le grand Alla de nos murailles, etc.

O vous dont les divins courages
Du Caire ont sauvé les remparts,
Dans l'Égypte, école des sages,
Ceignez la couronne des arts :
C'est ici que la Grece antique
Puisa cet amour héroïque
Des cœurs vulgaires méconnu;
Comme elle, toujours grands et justes,
Établissez vos droits augustes
Sous le génie et la vertu.

CHOEUR.

Le grand Alla de nos murailles, etc.

Et nous, par les fils de la France
Rendus à nos premiers destins,
Nous replacés par leur vaillance
Au rang des peuples souverains,

Méritons leur bienfait sublime,
Et par un retour légitime
Secondons leurs nobles travaux :
Du Nil ressuscitons la gloire ;
Et dans les champs de la victoire
Alla bénira nos drapeaux.

CHOEUR.

Le grand Alla de nos murailles
Ecarte son bras irrité :
Du grand arbitre des batailles
Adorons l'auguste bonté.
Nous méconnûmes ses largesses,
Nous abusâmes des richesses
Que nous prodigua sa faveur :
Notre erreur fut assez punie
Par l'implacable tyrannie
Du Mamelouk usurpateur.

HYMNE
DU 10 GERMINAL.

Trop long-temps on vit sur nos têtes
Flotter les nuages impurs ;
Trop long-temps les noires tempêtes
Ont troublé la paix de nos murs :
Avec les dons nouveaux de Flore
Qu'un jour serein comme l'aurore
Rayonne enfin sur nos climats,
Et puissent loin de nos rivages
Et l'infortune et les orages
S'éloigner avec les frimas !

CHOEUR.

O germinal, mois d'alégresse,
Dieu de la rosée et des fleurs,
Donne à la France ta jeunesse,
Et tes germes réparateurs.

Que la patrie encor sanglante
Vous inspire quelque pitié :
Voyez cette saison riante
Qui vous invite à l'amitié.
Malheur à ce Français farouche
Qui ferme son cœur et sa bouche

A la douceur d'un sentiment;
Qui se repaît de sa furie,
Et ne sait point à la patrie
Immoler son ressentiment !

CHOEUR.

O germinal, etc.

De la nature rajeunie
Suivons les bienfaisantes lois;
Imitons sa douce harmonie,
Par elle affermissons nos droits.
Voyez de quelle étroite chaîne
Au tronc amoureux de ce chêne
Le liere se plaît à s'unir;
Cette onde embrasse le bocage,
Et déja le naissant feuillage
S'incline au baiser du zéphyr.

CHOEUR.

O germinal, etc.

Dans cette saison fortunée
Qui n'a point amolli son cœur !
La lionne, moins forcenée,
Rugit d'une tendre fureur;
Les couleuvres impitoyables
Quittent leurs poisons redoutables

Pour se presser des plus doux nœuds !
Et l'homme seul, qu'un Dieu facile
Forma d'une si noble argile,
Garderait d'homicides vœux !

CHOEUR.

O germinal, etc.

Ah ! si l'implacable vengeance
Doit armer vos bras irrités,
Sur les ennemis de la France
Vengez vos murs ensanglantés.
Jeunes Français, Français fidèles,
Recevez des mains paternelles
Ce glaive, soutien de vos droits;
Volez dans les champs de la gloire,
Et rassurez par la victoire
L'édifice naissant des lois.

CHOEUR.

O germinal, etc.

Auguste loi, vierge sacrée,
Fille du souverain des cieux,
Descends de la voûte azurée,
Découvre ton livre à nos yeux.
Jurons sur sa page immortelle,
Jurons une guerre éternelle

Aux tyrans de la liberté :
Jurons de servir la patrie,
De lui rendre la paix chérie,
Et de venger l'humanité.

C H OE U R.

O germinal, mois d'alégresse,
Dieu de la rosée et des fleurs,
Donne à la France ta jeunesse,
Et tes germes réparateurs.

CHANT
POUR LA FÊTE
DE LA
SOUVERAINETÉ DU PEUPLE.

Chœur d'adolescents.

Ceins ton front de lauriers, prends tes habits de fête,
Déesse des Romains, idole des Français;
D'un peuple qui voulut ta superbe conquête
Par ta présence auguste embellis les succès.

Un législateur.

Fléau des préjugés et de la tyrannie,
Viens fonder sur la loi ton culte solemnel;
Anime le commerce, éveille le génie,
Et du bonheur de tous raffermis ton autel.

C'est peu qu'aux bords du Nil des rivages du Tibre
La victoire fidèle ait guidé nos drapeaux,
Il faut par la vertu, soutien d'un peuple libre,
De ce naissant ouvrage assurer le repos.

Chœur d'adolescents.

Ceins ton front de lauriers, etc.

UN GUERRIER.

Nous avons recueilli les moissons de la gloire ;
Nous bravâmes la mort pour l'immortalité :
Mais triompher de nous, c'est vaincre la victoire,
C'est maîtriser son siecle et la postérité.

O Français, qu'il est beau de ravir ton suffrage !
Nous mettons à tes pieds les trônes abattus :
Nous avons su donner l'exemple du courage,
Nous donnerons encor l'exemple des vertus.

CHOEUR D'ADOLESCENTS.

Ceins ton front de lauriers, etc.

UN MAGISTRAT.

La bonté, la justice, et la morale auguste
Sont les plus sûrs appuis du pouvoir souverain ;
Tu cesses d'être grand en cessant d'être juste,
Tu cesses d'être libre en cessant d'être humain.

Oh ! que par les bienfaits un peuple magnanime
Arrache de tributs à la postérité !
Les Muses l'appuyant de leur pouvoir sublime,
Consacrent par leur voix sa souveraineté.

CHOEUR D'ADOLESCENTS.

Ceins ton front de lauriers, etc.

UN POETE.

Trop heureux le mortel ami de sa patrie,
Qui de l'indépendance ose plaider les droits,
Et des partis rivaux affrontant la furie,
Leur oppose l'égide et des arts et des lois.

Honoré de son siecle et sacré dans l'histoire,
Il vivra pour toujours sur le haut Hélicon.
Rome de Sextius abhorre la mémoire,
Mais de Publicola chérit encor le nom.

CHOEUR D'ADOLESCENTS.

Ceins ton front de lauriers, etc.

LE PEUPLE.

Oui, nous jurons ici d'affermir notre ouvrage :
Devant notre pouvoir s'abaissent les grandeurs.
Quel peuple offrit jamais ce pompeux assemblage
De chantres, de guerriers, et de législateurs ?

Chaque gloire agrandit la gloire de la France.
Puissent nos descendants, riches de nos vertus,
Recueillir tout entier cet héritage immense,
Et que d'autres Tarquins trouvent d'autres Brutus !

CHOEUR EN ENTIER.

Ceins ton front de lauriers, etc.

www.ingramcontent.com/pod-product-compliance
Lightning Source LLC
Chambersburg PA
CBHW060644050426
42451CB00010B/1210